ブッダボウルの本

前田まり子

野菜をもっと美味しく、もっと楽しみたい人へ

みなさん、はじめまして。
恵比寿のブッダボウル専門店 Marideli の
前田まり子と申します。

これまで旅をしてきたさまざまな国の魅力や思い出、
そして今までいろいろな料理をしてきた私の集大成が、
ブッダボウルというかたちになりました。

季節ごとの旬の野菜、ナッツ、穀物、フルーツを
組み合わせて、春夏用に10皿、秋冬用に10皿。

見た目のインパクトから
意外に思われるかも知れませんが、私の料理は引き算型。
面倒なことは何もしていませんので、
家庭の台所で簡単に作れるレシピばかりです。

世界中の人々に愛されるブッダボウルの世界を
ぜひお楽しみください！

前田まり子（フード・アーティスト）

ブッダボウル──

アメリカ西海岸発の、動物性たんぱく質を
一切使わない菜食(ヴィーガン)メニュー。
明確な定義は存在しないが、
「旬の野菜、穀物、ナッツ類、フルーツ、豆腐などを
たっぷりとトッピングした丼」の総称。
その見た目の美しさから、Instagramを通じて
モデルやクリエイターの間で人気に火がついた。

CONTENTS

SPRING & SUMMER

春夏のブッダボウル

01

フランスを感じる ブッダボウル

（作り方＿P.36）

02

ニューヨークが恋しいブッダボウル

（作り方＿P.38）

03
和を食べる ブッダボウル

（作り方 _ P.40）

04
グルテンフリーなブッダボウル

（作り方　P.42）

05
トロピカル ブッダボウル

(作り方 _ P.44)

06
メキシカンなブッダだらル

（作り方 _ P.46）

07
こう見えて **イタリア** な ブッダ ボウル

（作り方 _ P.48）

08
RAWな ブッダボゥル

（作り方 _ P.50）

09
ヨギーニ・ブッダボウル

（作り方 _ P.52）

10
ジャマイカン・ブッダボウル

（作り方＿P.54）

フランスを感じる ブッダボウル

01

ラタトゥイユは、若かりし頃に働いていたレストランで覚えたメニューです。煮込むだけでなく、オーブンでグリルすると、夏野菜のうまみがギュッ！ と凝縮されるのです。その頃の私は冷蔵庫にラタトゥイユを常備して、バケットと一緒に食べるのがお気に入りでした。大人になったような、いい気分だったのを思い出します。今回のために考えた " 人参とポテトのフリット " は、今日から我が家の定番メニューにします！ と本書スタッフ全員が口を揃えた美味しさです。ひとくち食べたらやみつきですよ。

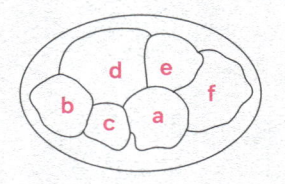

a 人参とポテトのフリット

材料（作りやすい分量）
人参（拍子木切り）… 1 本分
ジャガイモ（拍子木切り）… 2 個
アーモンドパウダー … 大さじ 4
塩 … 小さじ 1
こしょう … 適量
クミンシード … 小さじ 1
オリーブオイル … 大さじ 2

❶ ボウルに材料すべてを入れ、よく混ぜ合わせる。
❷ 200 度のオーブンで 20 分から 30 分、カリっとなるまで焼く。途中、天板を揺すって上下を返す。

b 生マッシュルームとラズベリー、松の実のサラダ

材料（作りやすい分量）
生マッシュルーム … 1 パック
フレッシュラズベリー … ひとつかみ
⇒夏は冷凍ラズベリーを使っても美味しい！
塩 … ひとつまみ
オリーブオイル … 小さじ 1
ライムの搾り汁 … 大さじ 1
松の実 … 好みの量

❶ 生マッシュルームを薄くスライスする。
❷ ボウルに入れ、ラズベリー、塩、オリーブオイル、絞ったライムを入れてさっと混ぜ合わせる。
❸ 炒った松の実を散らす。

c ラタトゥィユ

材料（作りやすい分量）
なす … 1 本
ズッキーニ … 1 本
パプリカ … 1 個
トマト … 2 個
玉ねぎ … 1 個
オリーブオイル … 適量
A｜塩 … 小さじ 2
　｜白ワインビネガー … 大さじ 2
　｜塩漬けオリーブ … 好みの量
ベイリーフ … 2 枚

❶ 野菜をすべて一口大にカットする。
❷ 鍋にオリーブオイルを入れて火にかける。① を入れてソテーする。
❸ A を鍋に入れる。
❹ 耐熱容器に移し、ローリエを乗せ、180度のオーブンで 20 分ほど焼く（水気がなくなるまで）。途中で上下を返す。

d 葉物とハーブのサラダ

材料（好みの量）
その時に手に入る新鮮な野菜 … 適量
⇒今回は、レッドリーフレタス、サニーレタス、フェンネル、コリアンダーを使用
基本のビネグレット（memo 参照）… 適量

❶ 好みの葉野菜を手でちぎってから、水にさらす。
❷ 葉がパリッと元気になったら、水気をよく切る。食べる時にビネグレットをかける。

e 全粒粉のパールクスクス

材料（好みの量）
全粒粉のパールクスクス（P.89 参照）
　… 好みの量
基本のビネグレット … 適量（memo 参照）

❶ 箱の指示通りにもどす。
❷ 食べる時にビネグレットをかける。

f とうもろこしライス

材料（2 人分）
インディカ米 … 1 合
とうもろこし … 180cc
水 … 170cc
塩 … 小さじ 1

❶ インディカ米は、研がずにさっとゆすぐ。お米の分量に対して 1 割ほど減らした水分量で、とうもろこし、塩を混ぜて炊く。とうもろこしは、手に入る時期は生がおすすめですが缶詰でも OK。

memo
基本のビネグレットの作り方（作りやすい分量）
オリーブオイル 大さじ 3、酢 大さじ 1、
塩 小さじ 1 をよく混ぜ合わせる。

ニューヨークが恋しいブッダボウル

02

その昔、ブルックリン在住のお友達に連れて行ってもらった美味しいヴィーガンフードのお店や、WHOLE FOODS のデリ、ユニオンスクエアのマーケットで買い物をして作った料理のことなんかを思い出しながら、ワクワク気分でこのレシピを考えました。グルテンフリーパスタのサラダは、ニューヨークから帰ってきてすぐに、HIGH LINE のベンチで寝転がって眺めた青くて広い空を思い出しながら考えたメニューで、カノムパン（葉山）でも人気でした。

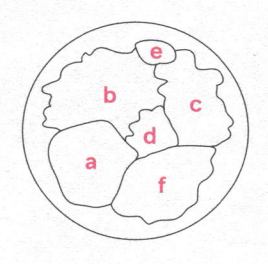

a　焼きビーツとひよこ豆、マッシュルームのサラダ

材料（2人分）
ビーツ（中サイズ）… ¼個
マッシュルーム … ½パック
ひよこ豆水煮（市販）… 大さじ½
A｜オリーブオイル … 大さじ¾
　｜白ワインビネガー … 大さじ⅓
　｜塩 … 小さじ⅓
　｜グリーンペッパー（刻む）… 小さじ½

❶ ビーツを薄くスライスし、トースターまたはオーブンでグリルする。
❷ マッシュルームを薄くスライスする。
❸ ボウルに①、②、ゆでたひよこ豆を入れ、A を加えてさっと和える。

b　ケールとアボカド、ナッツのサラダ

材料（作りやすい分量）
ケール … 1枚（大きいもの）
アボカド … 1個
レモンの搾り汁 … 小さじ1
好みのナッツ（かぼちゃの種）… 適量
塩 … ひとつまみ
こしょう … 適量

❶ ケールとアボカドを一口大にカットする。アボカドにレモンと塩をかける。
❷ ナッツをローストし、香りを引き出す。
❸ お皿にケールとアボガドを盛り付け、ナッツを散らし、こしょうを挽く。

c グルテンフリーパスタのサラダ

材料（作りやすい分量）
ドライいちじく、セミドライトマト
　（ざくざく刻んだもの）… 各大さじ3
グルテンフリーのショートパスタ … 120g
オリーブオイル … 大さじ2
グリーンペッパー … 小さじ2
ひよこ豆 … 大さじ4
人参の細切り … 1/4本
好みのナッツ（ローストしたもの）… 適量
オリーブ … 好みの量
ゆでたもち麦（memo 参照）… 大さじ4
塩 … 小さじ1/2
エストラゴン（あれば）… 好みの量

❶ ドライいちじくを細かく刻む。セミドライトマトはお湯でもどしてから同様に刻む。
❷ パスタを袋の指定通りに茹でる。オリーブオイルをさっと回しかけ、和えてから少し冷ましておく。
❸ ボウルに①、②と材料すべてを入れ、塩をし、オリーブオイルを少量回しかけて、ざっくり混ぜ合わせる。

d 紫キャベツのコールスロー

材料（作りやすい分量）
紫キャベツ … 1/4 玉
塩 … 小さじ1　　酢 … 大さじ3

❶ 紫キャベツをざくざくとした千切りにし、塩もみする。しんなりしてきたら水気をよく搾り、酢を加えて混ぜる。

e 人参かんたんピクルス

材料（作りやすい分量）
人参 … 大きめのもの1本
オリーブオイル … 大さじ1
酢 … 大さじ1
カルダモン … 3粒

❶ 人参の皮を剥き、3等分にカットする。
❷ 3等分したものを、さらにそれぞれ縦半分にカット。
❸ 縦半分にカットしたものを、薄くスライスしてボウルに入れる。オリーブオイル、酢を加えて混ぜ、カルダモンを割って入れる。

f 麦入りごはん

材料（2人分）
かために炊いた麦ごはん … 1合
フライドオニオン（市販）… 適量

❶ 麦入りのごはんをお皿に盛り、フライドオニオンをかける。

> **memo**
> **もち麦の茹で方**
> もち麦をさっと洗って鍋に入れ、
> アクを取りながら中火で20分茹でる。
> フタをして火を止め、水分がなくなるまで
> 20分蒸らしたらできあがり。
> まとめて作り置きし、いろんなスープや
> おかずにちょい足しするのがオススメです。

和を食べる ブッダボウル

和の食材も、ほんのちょっぴりオリーブオイルやバルサミコ酢を使うことで、美味しいブッダボウルになります。厚揚げを香ばしく焼いてお醤油をさっと垂らして、ブッダボウルに乗せたら美味しそう！　美味しい胡麻もパラパラしよう。和のハーブも乗せよう。たけのこは、美味しそうな焼き色がつくようにソテーしましょう。和のブッダボウルですが、全体をまとめる役目のビネグレット（P.37参照）は欠かせません。全体にさっと回しかけてから、お召し上がりください。

a　厚揚げソテー

材料（2人分）
厚揚げ … ½パック（150g）
オリーブオイル … 適量
醤油 … 小さじ½

❶ 厚揚げをザルにあけ、熱湯をまわしかけて油抜きをする。
❷ ①を2cm角にカットする。フライパンにオリーブオイルを入れ、中火から弱火で熱し、厚揚げの中に火が通るまで焼く。
❸ 最後に醤油を加え、すぐに火を止める。

b　菜の花とひじきのソテー

材料（2人分）
菜の花 … ½把
オリーブオイル … 適量
生ひじき（乾燥でも可）… 40g
塩 … 小さじ½
炒りごま … 小さじ1

❶ 菜の花を1cmくらいにザクザク切る。
❷ フライパンにオリーブオイルを入れ、中火で熱して菜の花とひじきをソテーする。菜の花の歯ごたえを残すようにする（味見しながら！）。
❸ 仕上げに塩で味を調え、ごまをふる。

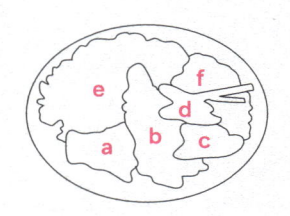

c たけのこのバルサミコソテー

材料（作りやすい分量）
たけのこ水煮 … 1本分
オリーブオイル … 適量
塩・こしょう… 各ひとつまみ
バルサミコ酢… 小さじ1
かつおぶし… 適量

❶ たけのこを、食べやすい大きさにスライスする。水気を切る。
❷ フライパンにオリーブオイルを入れ、中火で熱する。①を入れ、美味しそうな焼き色がつくようにソテーする。
❸ 焼き色がついたら、塩こしょうで味を調え、最後にバルサミコ酢を回しかけて火を止める。
❹ 皿に盛り付けるときに、かつおぶしを添える。

d いんげんとししとうの素揚げ

材料（好みの分量）
いんげん
ししとう

❶ いんげん、ししとうを180℃の油で揚げる。

e モロヘイヤと大葉、きゅうりのサラダ

材料（好みの分量）
モロヘイヤ … 1/4把
大葉 … 4枚
きゅうり … 1本
みょうが … 1本
基本のビネグレット（P.37 参照）… 適量

❶ モロヘイヤは、葉の部分を取る。大葉は手で適当な大きさにちぎり、水に浸しておく。合わせるときにギュッと搾る。
❷ きゅうりはところどころ皮を剥き、小さめの乱切りにする。
❸ ①、②、を合わせる。食べる時にビネグレットをかける。

f 麦入りごはん

材料（2人分）
かために炊いた麦ごはん … 1合
白ごま … 適量

❶ 麦入りのごはんをお皿に盛り、白ごまをかける。

グルテンフリーなブッダボラル

04

a いんげん、ジャガイモ、グリーンピース、ベルギーチコリのサラダ

材料（作りやすい分量）
いんげん … 5 本
グリーンピース … 40g
ジャガイモ … 5 個
ベルギーチコリ … 人数分
塩漬けオリーブ（種を外し、細かく刻む）
　… 5 個
粒マスタード … 小さじ 1
オリーブオイル … 小さじ 2
粒こしょう … 適量

❶ いんげんとグリーンピースを、それぞれ少しかために、歯ごたえを残してさっと茹でる。目安は、いんげん 1 分（太さによる）、グリーンピース 3 分。
❷ ジャガイモを蒸す、もしくは茹でる（20 分程度、竹串がすっと通るくらい）。
❸ ベルギーチコリを剥き、ボードにする。
❹ ジャガイモの皮を剥き、グリーンピースと同じくらいの大きさにカット。いんげんも同様にカットする。
❺ ボウルに④とオリーブ、粒マスタード、オリーブオイルを加えて混ぜ合わせる。こしょうで味を調える。③の上に盛り付ける。

ザジキとは水切りしたヨーグルトに、キュウリ、ニンニク、塩、オリーブオイルなどを加えた料理です（ツァジキ、ジャジキとも呼ばれる）。簡単に作ることができ、トルコやブルガリア、中東でも食べられています。この世界中で人気がある料理を、今回は豆乳ヨーグルトを使ってアレンジしてみました。お好きな方はおろしたにんにくを少々入れても◎　マッシュかぼちゃは、もし手に入ればビーツも一緒に蒸してマッシュすると、色がきれいで甘みも増します。ザジキやサルサは、よく冷やして食べるとより一層美味しいです。

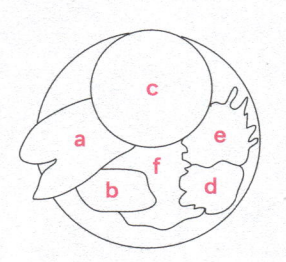

b マッシュかぼちゃ

材料（作りやすい分量）
かぼちゃ … ¼個
玉ねぎ … ½個
オリーブオイル … 大さじ2
塩 … ひとつまみ
こしょう … たっぷり

❶ かぼちゃのわたと種を取り、柔らかくなるまで蒸し器で蒸す。
❷ 玉ねぎをきつね色になるまで炒める。
❸ ボウルに①と②を入れ、マッシュします。
❹ オリーブオイルを加えてよく混ぜ、塩、こしょうで味を調える。

c ザジキ（ギリシャサラダ）

材料（作りやすい分量）
きゅうり … ½本
イタリアンパセリ、ミント … 各ひとつかみ
豆乳ヨーグルト
　（最低1時間は水切りしておく）… 150g
チリペッパーパウダー … ひとつまみ
レモンの搾り汁 … 小さじ1
塩・こしょう … 各少々

❶ きゅうりをイチョウ切りにし、ボウルに入れる。
❷ イタリアンパセリとミントを千切りにし、①に入れる。
❸ 水切りした豆乳ヨーグルト、チリペッパーパウダー、レモン汁を加えて混ぜ合わせ、塩、こしょうで味を調える。

d キウイとミント、グリーンパプリカのサルサ

材料（作りやすい分量）
キウイ（あまり熟していないもの）… 1個
グリーンパプリカ（ピーマンでも可）… 1個
ミント … ひとつかみ
青唐辛子 … 1本

❶ キウイとグリーンパプリカを5mm角にカットする。青唐辛子はみじん切りにする。
❷ ボウルに①とミントを入れ、よく混ぜる。

e おかひじきのサラダ

材料（好みの分量）
おかひじき … 適量
基本のビネグレット（P.37 参照）… 適量

❶ おかひじきは生のまま、食べる時にビネグレットをかける。

f 麦入りごはん

材料（2人分）
かために炊いた麦ごはん … 1合
好みのナッツ … 適量
⇒今回は松の実を使用

❶ 麦入りのごはんをお皿に盛り、好みのナッツをかける。

トロピカル ブッダボウル

05

"トロピカル" の響きが昔から大好きなのです。ワム！の「クラブ・トロピカーナ」は今でも大好きな曲です（他にはパラダイスとか、レモネードとか、キーライムパイとか、ドライマティーニとか。何の脈絡もないけど、どれも響きが好き!!）。話が脱線しましたが、このレシピでは、私がトロピカルだと感じるものを集めてみました。" ライムライス " も好きな響きです。パイナップルのサルサは夏に常備しておくと何かとお役に立つかもしれません。夏の暑い日に、冷たいソーダ水と一緒にお召し上がりください（ソーダ水の響きも好き）。

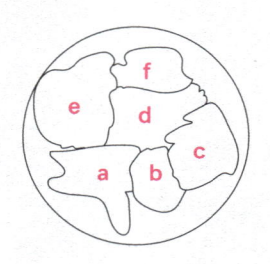

a　なすフリッター

材料（作りやすい分量）
なす … 1 本
★ 衣
　ひよこ豆粉 … 60g
　米粉 … 20g
　豆乳ヨーグルト … 小さじ½
　カレーパウダー … 小さじ½
　塩 … 小さじ 1
　水 … 100g

❶ なすを食べやすい大きさにカットする。
❷ ボウルに衣の材料を入れて、混ぜ合わせる。
❸ なすに②をたっぷりつけ、きつね色になるまでこんがり揚げる。

b　パイナップルと黄パプリカの　サルサ

材料（作りやすい分量）
フレッシュパイナップル … 100g
黄パプリカ …½個
チリペッパーパウダー … 好みの量で

❶ パイナップルとパプリカを 5mm 角にカットし、チリペッパーパウダーを加えて和える。

c　きゅうりとミント、ブルーベリーのサラダ

材料（2人分）
きゅうり … 1本
ミント … 好みの量で（4枚程度）
ブルーベリー … 20g
ハチミツ … 小さじ ½
白ワインビネガー … 小さじ 2

❶ きゅうりはところどころ皮を剥き、小さめの乱切りにする。
❷ ボウルに①と残りの材料すべてを入れ、さっくり混ぜる。
❸ よく冷やして食べましょう。

d　ライムライス

材料（2人分）
インディカ米 … 1合
麦 … 大さじ 1
ライムの搾り汁 … 大さじ 1½
好みのナッツ … 適量
⇒今回はかぼちゃの種を使用
ライムの薄切り（飾り用）… 適量

❶ インディカ米と麦を炊飯器に入れ、水を少なめにする（1合に対して0.8）。
❷ ライムの果汁を搾り入れてから、炊く。
❷ ごはんをお皿に盛り、好みのナッツをふりかける。薄切りにしたライムをそえる。

e　葉物とハーブのサラダ

材料（作りやすい分量）
その時に手に入る新鮮な野菜 … 適量
⇒今回は、オゼイユ、レッドチコリ、コリアンダーを使用
基本のビネグレット（P.37 参照）… 適量

❶ 好みの葉野菜を手でちぎってから、水にさらす。
❷ 葉がパリッと元気になったら、水気をよく切る。食べる時にビネグレットをかける。

f　トッピング

・ローステッドココナッツシュレッド（市販）… 適量

メキシカンなブッダボウル

06

メキシコが舞台の映画を次から次に観ていた時期がありました。『Traffic』でベニチオ・デル・トロが屋台で食べるタコスを心の底から羨ましく思ったり、『ボルベール』でのペネロペ・クルスの包丁捌きを真似してみたり、『神経衰弱ギリギリの女たち』を観てガスパチョを作りまくったり。ブッダボウルのレシピとしてご紹介しましたが、すべてをトルティーヤに巻いて食べても美味しいですよ。メキシカンライムスープに使用するチポートレは、燻製にした唐辛子を原材料とする香辛料です。これを入れるだけで不思議なくらい美味しくなりますので、ぜひ入手してみてください。

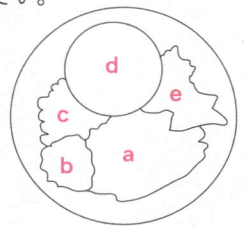

a メキシカンライス

材料（2人分）
オリーブオイル … 適量
玉ねぎ（みじん切り）… 1/8個分
インディカ米 … 3/4カップ
水 … 1.5 カップ
トマト（ざく切り）… 大1個
ベイリーフ … 1枚
チリパウダー … 小さじ1/2
塩・こしょう … 各適量
フライドオニオン … 小さじ2

❶ フライパンにオリーブオイルを適量入れ、玉ねぎを透明になるまで炒める。

❷ ①にインディカ米を入れ、薄い茶色になるまで炒める。

❸ 水2カップ、トマト、ベイリーフ、チリパウダー、塩、こしょうを入れてひと混ぜし、中火にして蓋をする。

❹ 水分がなくなってきたら、残り1カップのお水をゆっくりと回し入れ、弱火にして蓋をする。

❺ 水分が完全になくなったら火を止め、少し蒸してから軽く混ぜる。

❻ 仕上げにフライドオニオンをかける。

b リフライドビーンズ

材料（作りやすい分量）
玉ねぎ … ½個分
にんにく（みじん切り）… 2 かけ分
うずら豆、黒豆、キドニー豆、
　　金時豆などの豆 … 1 缶（240g）
水 … ¼カップ
オリーブオイル … 大さじ 1 〜 2
塩・こしょう … 各適量
チリパウダー … 小さじ½〜 1

❶ 鍋にオリーブオイルを熱し、玉ねぎで
みじん切りにして炒める。
❷ 玉ねぎがしんなりしてきたら、にんに
くを加える。
❸ 香りが出てきたら、豆と水を加え 10 分
ほど中火で煮る。火から下ろし粗めに潰す。
❹ 弱めの中火に再びかけ、塩、こしょう、
チリパウダーで味を調える。

c フレッシュトマトのサルサ（サルサメヒカーナ）

材料（作りやすい分量）
トマト … 1 個
玉ねぎ（小）… ¼個
ピーマン（小）… 1 個
青唐辛子 … 好みの辛さで
塩 … ひとつまみ
香菜 … 適量　ライムの搾り汁 … 大さじ1

❶ トマト、玉ねぎ、ピーマンをそれぞれ
みじん切りにする。
❷ 材料すべてを混ぜ合わせる。

d メキシカンライムスープ

材料（作りやすい分量）
玉ねぎ … 1 個
人参 … ½本
ズッキーニ … 1 本
ひよこ豆（水煮）… 1 缶
ベイリーフ … 1 枚
チポートレイ（P.89 参照）…2 かけ
塩 … ひとつまみ
にんにく … 1 かけ
★トッピング … 好みの分量
　香菜（みじん切り）
　玉ねぎ（みじん切り）
　アボカド（1cm 角にカット）
　ライム … 適量

❶ 玉ねぎを半分に切ってから縦に 3 等分
し、さらに横に半分にカットする（6 等
分）。人参、ズッキーニも同じくらいの大
きさにカットする。
❷ 鍋にたっぷりの水を入れ、火にかけ、玉
ねぎ、人参、ズッキーニ、ひよこ豆、ベイ
リーフ、チポートレ、包丁の背で叩いたに
んにくを入れ、野菜が柔らかくなるまで煮
込む。塩で味を調える。
❸ トッピングをのせ、ライムを搾る。

e 添えもの

・トルティーヤチップス（市販）
・シラントロ（パクチー）

こう見えて イタリア な ブッダボうレ

07

カノムパン時代に、パンに合うデリをたくさん考えました。そのときに、ひじき、切り干し大根、ネギなど、和の食材とオリーブオイルがよく合うことを発見したのです。実は長年にわたり、私はイタリア料理がいちばん好き！　と思っていました。素材の味わいを残した調理法で作られた前菜が特に大好きで、それに美味しいパンがあったら満足なタイプです。（とにかく前菜が大好き）（パスタも大好きだけど）（イタリアに行ったら、太る自信あり）というわけで、このお皿にも、ひじきやネギを使いました。どれもシンプルな調理法ですが、野菜の甘みをたっぷり味わえます。

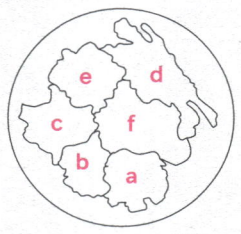

a　蒸し人参バルサミコ風味

材料（作りやすい分量）
人参 …1 ½本
オリーブオイル … 小さじ 1
バルサミコ酢 … 小さじ 2
にんにく … ½かけ
塩 … 小さじ ½
キヌア …小さじ 3

❶　人参の皮を剥き、縦に 1cm 幅に切る。
❷　蒸気の上がった蒸し器に人参を入れ、柔らかくなるまで蒸す（レンジでも OK）。
❸　②の人参を 1cm 角にカット。ボウルに入れ、オリーブオイル、バルサミコ酢、包丁の背でつぶしたにんにく、塩、茹でたキヌアを入れて混ぜ合わせる。

b　ひじきとネギの オリーブオイルサラダ

材料（作りやすい分量）
乾燥ひじき（生でも） … 40g
ねぎ … ½本
オリーブオイル … 大さじ ½
醤油 … 大さじ ½
炒りごま … 大さじ 2

❶　ひじきは戻してから水気を切っておく。
❷　ねぎは縦半分に切りこみを入れ、スライスする。
❸　ボウルに①と②を入れ、オリーブオイル、醤油、炒りごまも入れて混ぜ合わせる。

材料（作りやすい分量）
キャベツ … 1/4 玉
ケイパー … 大さじ 1
水 … 50cc
塩 … 小さじ 1/4
オリーブオイル … 適量
ケイパーベリー … 人数分

❶ キャベツを洗い、ザク切りにする。
❷ 煮込みに適した鍋に、キャベツ、ケイパー、水を入れて蓋をし、弱火でじっくり煮込む。キャベツから甘みが出て、くたくたになるまで煮込む。
❸ ケイパーの塩気があるので、補う程度に塩をし、盛り付け時にケイパーベリーを添える。
❹ 食べるときにオリーブオイルを垂らす。

d 菜の花のグリル

材料（好みの量）
菜の花 … 適量
基本のビネグレット（P.37 参照）… 適量

❶ トースターで、葉っぱの部分がパリっとなるまで（少し焼き色がつくまで）グリルする。
❷ 食べる時にビネグレットをかける。

e ポテトのマスタードシードソテー

材料（2人分）
ジャガイモ … 中サイズ 2 個
マスタードシード … 小さじ 1
塩 … 小さじ 2/3
オリーブオイル … 適量

❶ ジャガイモの皮を剥き、縦半分にし、3mm くらいにスライス。水にさらしてから、水気を切る。
❷ フライパンにオリーブオイルとマスタードシードを入れて弱火で熱する。マスタードシードがパチパチ跳ねてきたら、すぐに①を入れてソテー。両面に美味しそうな焼き色がつき、ジャガイモに火が通ったら、塩で味を調える。

f 麦入りごはん

材料（2人分）
かために炊いた麦ごはん … 1 合
フライドオニオン（市販）… 適量

❶ 麦入りのごはんをお皿に盛り、フライドオニオンをかける。

RAW な ブッダボウル

08

RAW フードには、かなり夢中になりました。ニューヨークの美味しい RAW フードレストランにも行きました。帰国してからも夢中になってあれこれ作りました。ツナサラダ not ツナは、エリカ・バドゥにケータリングした際にもメニューインした、かなりお気に入りの１品です。全粒粉や黒パン、かりっとトーストしたカンパーニュなどにたっぷりのせて食べても美味しいですよ。

※厳密に言うと、麦入りごはんは加熱しているので RAW ではありませんが、ゆる RAW という感じでご了承ください。

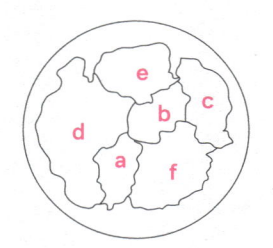

a ツナサラダ not ツナ

材料（作りやすい分量）
カシューナッツ … 100g
紫玉ねぎ … ½個
アップルビネガー … 大さじ 2
塩 … 小さじ 2
こしょう … たっぷり

❶ カシューナッツを、最低 1 時間ほど水に浸す。
❷ 紫玉ねぎを粗みじん切りにする。
❸ ①の水気を切り、フードプロセッサーにかける。紫玉ねぎ、アップルビネガー、塩、こしょうを入れ、カシューナッツの粒が少し残るくらいの状態に。

b 新鮮なズッキーニのサラダ

材料（2人分）
新鮮なズッキーニ … 小ぶりのもの 1 本
オリーブオイル … 小さじ 1
塩 … ひとつまみ
ミントの葉（飾り用）… 適量

❶ ズッキーニを 4cm 幅の角半月切りにし、オリーブオイルとひとつまみの塩で和える。

c オクラと紫玉ねぎ、ルビーグレープフルーツのサラダ

材料（2人分）
オクラ … 3本
紫玉ねぎ（みじん切り）… 大さじ2
ルビーグレープフルーツ … 1個
塩 … 小さじ$1/3$
ライム … 大さじ2

❶ オクラを1cm幅にカットする。紫玉ねぎをみじん切りにする。ルビーグレープフルーツは皮を剥き、1cm角にカットする。
❷ 塩をしてライムを搾り、さっくり混ぜる。

d きゅうりとディルのサラダ

材料（2人分）
きゅうり … 1本
粒マスタード … 小さじ1
ディル … 好みの量

❶ きゅうりを大きく斜めにスライスする。
❷ 粒マスタードで和えてから、ディルを加える。

e カリフラワーのクスクス

材料（2人分）
新鮮なカリフラワー … $1/4$玉
オリーブオイル … 大さじ1
レモンの搾り汁 … 大さじ1
塩 … 小さじ$2/3$
こしょう … たっぷり

❶ カリフラワーをフードプロセッサーまたは包丁で細かい粒状にする。
❷ ①をボウルに入れ、オリーブオイル、レモン果汁、塩、こしょうで味を調える。

f 麦入りごはん

材料（2人分）
かために炊いた麦ごはん … 1合
フライドオニオン（市販）… 適量

❶ 麦入りのごはんをお皿に盛り、フライドオニオンをかける。

ヨギーニ・ブッダボウル

09

" インドのアシュラムでヨガレッスンを
した後に食べるごはん " をイメージしま
した。アシュラムとは、寝食すべてを共
にしながらヨガなどの修行をする場所で
す。茄子のカレー フェネグリーク風味は
少し手間がかかりますが、本当に美味し
いので、気持ちに余裕のあるときにぜひ
作ってみてください。キャベツカチュン
バルは、たっぷり作ってたっぷり食べる
のがオススメです。野菜のグリルはお好
きなものを（本書ではゴーヤー、ズッキー
ニ、かぼちゃをグリルしました）。夏なら
ゴーヤを綿ごとグリルしてみてくださ
い。 綿にはゴーヤの皮の 1.7 倍のビタミ
ン C が含まれています。

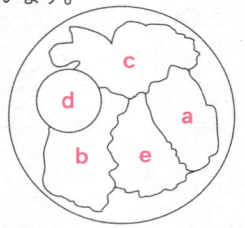

a　なすのカレー　フェネグリーク風

材料（2人分）
なす … 1 本
ターメリック … 小さじ¼
塩 … ひとつまみ
油 … 小さじ½
フェネグリーク … 小さじ¼
豆乳ヨーグルト … 大さじ1
水 … 30cc
⇒豆乳ヨーグルトとよく混ぜておく
きび糖 … ひとつまみ

❶　なすは縦半分に切ってから 10 分ほど
水にさらし、キッチンペーパーで水気をよ
く拭く。

❷　なすの切り口に、ターメリックと塩を
それぞれひとつまみぶん、手でよく擦り込
む。

❸　フライパンに油を熱し、②の切り口を
下にして入れる。こんがりとキツネ色に
なったら返し、表はさっと揚げてバットに
取り出す。

❹　中火のフライパンにフェネグリークを
入れ、香りがしたら豆乳ヨーグルトと水を
混ぜたものを入れ、よく混ぜる。残りの
ターメリックと塩、きび糖を入れ、さらに
よく混ぜ、③を入れ蓋をしてから 3 分間
煮込む。

b キャベツカチュンバル

材料（作りやすい分量）
紫キャベツ（千切り）… ½玉
⇒普通のキャベツでも可
米油 … 大さじ3
ピーナッツ … ひとつかみ
⇒大粒のものは包丁でザクザク切っておく
マスタードシード … 大さじ1
ターメリックパウダー … 小さじ1
塩 … 大さじ⅔
レモンの搾り汁 … 小さじ1

❶ 紫キャベツをボウルに入れておく。
❷ フライパンに油を入れ、弱火から中火でピーナッツをかける。ピーナッツに火が通ってきたら、マスタードシード、ターメリックパウダー、塩を入れる。木ベラなどで混ぜながら、焦がさないよう気をつける。
❸ マスタードシードがはじけてきたら、①のボウルに一気に入れて混ぜあわせる。最後にレモンを搾り、もう一度混ぜあわせる。

c 季節の野菜のグリル

材料（好みの分量）
好みの季節の野菜
⇒今回はゴーヤー、ズッキーニ、かぼちゃ、ミニトマト
基本のビネグレット（P.37参照）… 適量
こしょう … 少々

❶ グリルパンかオーブンで、季節の野菜をグリルする。食べる時にビネグレットをかけ、こしょうをふる。

d 人参とレンズ豆のポタージュ

材料（作りやすい分量）
オリーブオイル … 適量
玉ねぎ … 小½個　　クミン … 小さじ½
人参（輪切り）… 1本　レンズ豆 … ⅓カップ
豆乳 … 250〜300cc
塩・こしょう … 各適量

❶ 厚手の鍋にオリーブオイルを入れ、中火にかける。クミンを入れ、玉ねぎをきつね色になるまでソテーする。
❷ ①に人参、レンズ豆、水（具がひたひたになる量）を入れて蓋をし、コトコト煮込む。人参が柔らかくなったら、火を止めて冷ます。
❸ ②をブレンダーなどでポタージュ状にする。
❹ 豆乳を加え、塩、こしょうで味を調える。

e クミンライス

材料（2人分）
米（日本米でもインディカ米でも）… 1合
油 … 小さじ½　　クミンシード … 小さじ½
塩 … 小さじ½

❶ 米は研ぎ、しっかりと水を切る。通常より少なめの水（1.8合ぶん程度）を入れる。
❷ 小さめのフライパンに油とクミンシードを入れ、弱火にかける。
❸ クミンシードがパチパチはじけ、香りがしてきたら、①に一気に入れ、塩を入れ混ぜてから炊く。

ジャマイカン・ブッダボウル

葉山に 13 年間住んでいました。森戸海岸に Oasis という創業 38 年の海の家があって、素晴らしいレゲエバンドが生まれた場所でもあります。私はもともとはレゲエミュージックに興味がなかったのですが、Oasis でいつも流れていた、ゆったりとしたレゲエは、今でもカラダに染み込んでいます。そこで私は初めてジャマイカンフードに触れ、ライス＆ピースやフェスティバルの存在を知りました（フェスティバル！　なんて素敵な響き！）。ジャークチキンから連想するのとは一味違うジャマイカンフードを、夏の暑い日にぜひどうぞ。

a　アイタルシチュー

材料（2 〜 3 人分）
ジャガイモ … 2 個
玉ねぎ … 小さめ 1 個
人参 … 小さめ 1 本
かぼちゃ … ¼ 個
キドニービーンズ … 50g 程度
オクラ … 8 本
にんにく（潰す）… 1 かけ
鷹の爪 … 2 本
タイム … 乾燥なら小さじ 1、
　　フレッシュなら 1 〜 2 本
オールスパイス … 小さじ 1
ベイリーフ … 1 枚
水 … 200cc
ココナッツミルク … 400cc
塩 … ひとつまみ

❶　野菜はすべて一口大にカット。鍋にジャガイモ以外の野菜、にんにく、鷹の爪、タイム、オールスパイス、ベイリーフ、水を入れて蓋をし、火にかける（中火から弱火）。
❷　野菜に火が通るまで、ことこと煮込む。火が通ったらジャガイモを加える。
❸　ジャガイモに火が通ったら、ココナッツミルクを入れて、5 分くらい煮込み、塩をして火を止める。

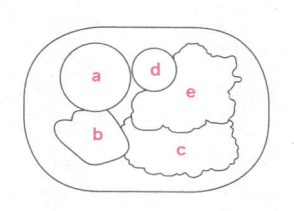

b フェスティバル

材料（6本分）

A ┌ コーンミール … 1カップ
　├ 薄力粉 … 1カップ
　├ ベーキングパウダー … 大さじ1
　├ 黒糖 … 小さじ2/3
　└ 塩 … 小さじ1

豆乳 … 適量
揚げ油 … 適量

❶ ボウルに **A** を入れて混ぜ合わせる。
❷ 豆乳を少しずつ入れながら、捏ねる。耳たぶくらいの柔らかさを目指す。
❸ 生地が出来たら、細長くかたちを整える（好みの大きさでよい。だいたい長さ10cm × 幅3cmくらい）。
❹ 170℃の油で、こんがり色がつき、膨らんでくるまで、時々返しながら揚げる。

c ライス&ピース

材料（2人分）

米 … 1合
ココナッツミルク … 200cc
キドニービーンズ … 1/2カップ
塩 … 小さじ1/2
ベイリーフ … 1枚
タイム … 乾燥なら小さじ1/2
　　フレッシュなら1本

❶ お米は普通に研いで水を切り、材料すべてを入れ20分くらい置いてから炊く。

d 大豆ミートソース

材料（作りやすい分量）

オリーブオイル … 適量
玉ねぎ（みじん切り）… 1/2個
トマト缶 … 180cc
水 … 180cc
乾燥大豆ミート … 大さじ4
きび糖 … 小さじ2/3
パプリカパウダー … ひとつまみ
シナモン … ひとつまみ
塩 … 小さじ1
こしょう … 適量

❶ 鍋にオリーブオイルを熱して、玉ねぎを飴色になるまで炒める。
❷ トマト缶を汁ごと入れ、大豆ミート、きび糖を入れて煮込む。
❸ シナモン、塩、こしょうで味を調える。

e スチームベジタブル

材料（すべて好みの分量）

季節の野菜
⇒今回はゴーヤー、オクラ、ししとう、ズッキーニ、とうもろこしを使用

❶ 野菜はそれぞれ食べやすい大きさにカットする。
❷ 蒸気の上がった蒸し器に入れて、さっと蒸す（4、5分程度）。

AUTUMN & WINTER

秋冬のブッダボウル

11
大根ステーキとベジトマトソースのブッダボウル

（作り方 _ P.84）

12
南インドな ブッダボウル
（作り方 _ P86）

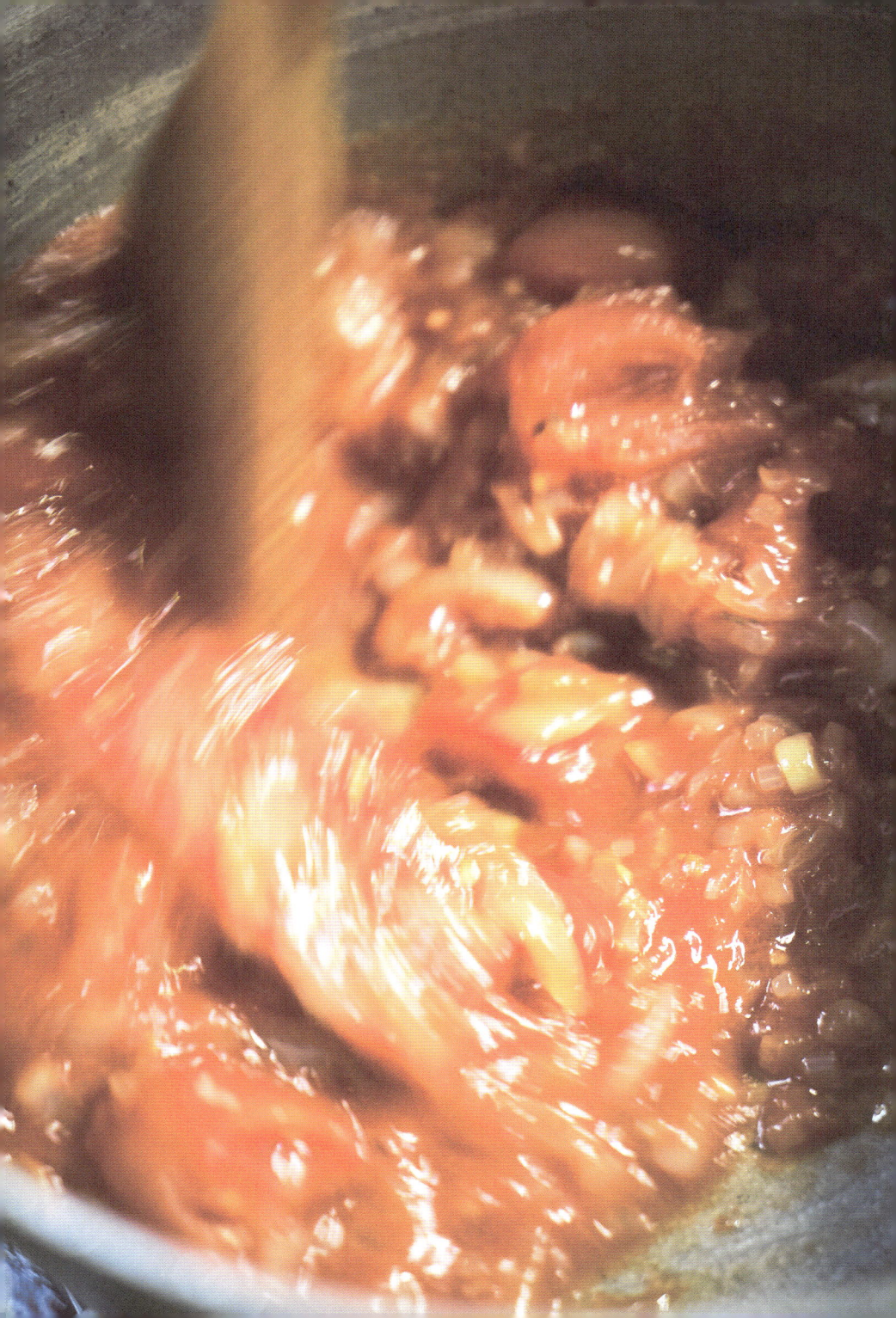

13
チリビーンズの小さなブッダボウル

（作り方 _ P.90）

14
赤いお皿の爽やかなブッダボラル

（作り方 _ P.92）

15
ほくほく コロッケの洋食風ブッダボゥル

(作り方 _ P94)

16
ベジキーマカレーのブッダボウル

（作り方 _ P96）

17
モロッカン ブッダボウル

（作り方 _ p93）

18
れんこんを 美味しく 食べるブッダボウル

（作り方 _ P.100）

19
お豆腐 ハンバーグの ブッダボウル

（作り方 _ P.102）

20
北欧 ブッダボうし

（作り方 _ P.104）

大根ステーキとベジトマトソースのブッダボウル

11

材料（2人分）
大根 … 4cm 幅
★ベジトマトソース
 玉ねぎ（みじん切り）… ½個分
 トマト缶（水煮）… 1 缶
 大豆ミート … ½カップ
 ベイリーフ … 1 枚
 塩 … 小さじ1
オリーブオイル … 適量
黒こしょう … 適量

❶ 大根を 1cm 幅にカット。竹串がすっと通るまで茹で、ザルにあけておく。

❷ ベジトマトソースを作る。鍋にオリーブオイルを熱し、玉ねぎを色づくまで炒める。

❸ トマト缶をあけて潰しながら加えて炒め、水を適量加え、大豆ミートも投入。ベイリーフを 1 枚入れて軽く煮込む。

❹ 塩を加え、味を調える。仕上げに、火を止めてからオリーブオイルをまわしかける。

❺ フライパンにオリーブオイルを熱し、①の大根を両面にこんがり焼き色がつくまで焼き、仕上げに黒こしょうを挽く。

大根ステーキとベジトマトソースは、カノムパンで冬になると必ず作るメニューでした。なぜなら三浦半島にはたくさんの種類の大根があったからです（私が特に好きだったのは、三浦大根と源助大根でした）。同じく人参ラペ カルダモン風味も、ずっと昔から作っているメニューです。カルダモンを割り入れるだけで、ぐん！　と爽やかな香りに変身します（カルダモンはパウダーより断然ホールがオススメです）。ルッコラサラダにはビネグレットをかけます。混ぜながらどうぞ召し上がれ。

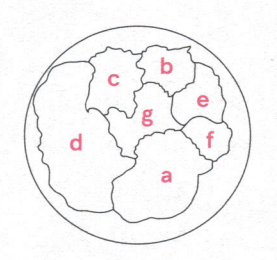

b 人参ラペ カルダモン風味

材料（作りやすい分量）
人参 … 1本
オリーブオイル … 大さじ2
酢 … 大さじ2
カルダモン … 4粒

❶ 人参を千切りにし、オリーブオイルと酢で和え、カルダモンを割って加える。

c 紫キャベツコールスロー

材料（作りやすい分量）
紫キャベツ … 1/4玉
塩 … 小さじ1
酢 … 大さじ3

❶ 紫キャベツをざくざくとした千切りにし、塩もみする。
❷ しんなりしてきたら水気をよく絞り、お酢を加えて混ぜる。

d ルッコラサラダ

材料（好みの分量）
ルッコラ … 適量
アーモンドスライス … 適量
基本のビネグレット（P.37 参照）… 適量

❶ ちぎったルッコラと、アーモンドスライスを混ぜ合わせる。
❷ ビネグレットをかける。

e 煮りんご

材料（作りやすい分量）
りんご（ふじがオススメ）… 1個
塩 … ひとつまみ
カルダモン … 2粒

❶ りんごをくし切りにし、4〜5等分にカットしてから鍋に入れる。塩を加えてりんごにからめ、水分が出てくるまで5分ほど置く。
❷ 弱火にかけて、焦げ付かないように時々混ぜながら、柔らかくなりすぎないように、さっと煮る。
❸ カルダモンを割って加える。

f キヌア

材料（2人分）
キヌア … 1/4カップ
水 … 1/2カップ

❶ キヌアの倍量の水と一緒に鍋に入れて、キヌアがふっくらするまで弱火で炊く。

g 麦入りごはん

材料（2人分）
かために炊いた麦ごはん … 1合
フライドオニオン（市販）… 適量

❶ 麦入りのごはんをお皿に盛り、フライドオニオンをかける。

南インドな ブッダボウル

12

インドの最南端にほど近いコヴァーラムという小さな村に1ヵ月ほど滞在し、アーユルヴェーダの施術を受けたことがあります。さて、ドキドキワクワクしながらの初南インド料理。なんて美味しいの！すっかり虜になりました。オヤツの時間にチャーイと一緒に食べる"バジ"も格別な美味しさ。ポリヤル（炒め物）もいろいろな野菜で作るので飽きることがありません。こんなに美味しいものばかり、インド人侮れん！　と思ったものです。ここで登場する"ピックル"も、あるとないでは大違いですから、ぜひぜひ作ってみてください。

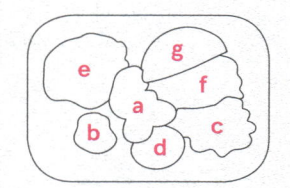

a　冬野菜のバジ（大根のバジ）

材料（作りやすい分量）
好きな冬野菜 … 好みの量
⇒今回はかぶと大根を使用
★衣
　ひよこ豆粉 … $2/3$ カップ
　米粉 … $1/3$ カップ
　塩 … 少々
　水 … 約 $2/3$ カップ
　豆乳ヨーグルト … 小さじ2

❶　好きな冬野菜をそれぞれ食べやすい大きさにカットする。
❷　ボウルに衣の材料を入れて混ぜ合わせる（水は少しずつ加えながら、固めのクリーム状になるまで）。
❸　野菜に②の衣をくぐらせ、180℃の油できつね色になるまで揚げる。

b 金柑ピックル

材料（作りやすい分量）
金柑 … 10 個くらい
油 … 大さじ 4
レッドチリペッパー … 小さじ 1
⇒辛いのが好きな方は増やしても OK
ターメリック … ひとつまみ
マスタードシード … 小さじ ½
塩 … ひとつまみ
フェネグリーク … 小さじ ½
酢 … 大さじ 1

❶ 金柑をよく洗い、皮のまま一口大に
カットしボウルに入れる。
❷ フライパンに油を多めに入れ、酢以外
の材料を入れて中火にかけ、スパイスが
弾けてくるまで熱する。
❸ ①のボウルに一気に入れて混ぜ合わ
せる。
❹ ③に酢を加えて混ぜ合わせる。
❺ すぐに食べても良いが、保存瓶に入れ
て 2、3 日目以降がさらに美味。

c さつまいものポリヤル

材料（2 人分）
さつまいも（小）… ½本
ウラドダル（乾燥レンズ豆でも可）
　　… 小さじ½
ココナッツファイン … 大さじ½
生姜（細かく刻んだもの）… 大さじ ½
マスタードシード … 小さじ ½
ターメリック … 小さじ ¼
シナモン … 小さじ ¼
塩 … ひとつまみ
レモンの搾り汁 … 小さじ ½

❶ さつまいもは 1cm 角にカットし、水に
さらしてから、少なめのお湯で火を通す。
❷ ボウルに①のさつまいもを入れておく。
❸ フライパンに多めの油を入れ、弱火か
ら中火の間で熱する。ウラドダルを入れて
じっくり火を通す。色が変わって良い香り
がしてきたら、レモン以外の全ての材料を
入れ、焦げないように時々フライパンをゆ
すりながら加熱する。
❹ 全体的に火が通り、マスタードシード
やココナッツファインの色が変わったら、
火を止め、②のボウルに一気に入れ混ぜ
合わせる。
❺ 仕上げにレモンを搾る。

南インドな ブッダボウル

d ココナッツチャトネ

材料（作りやすい分量）
豆乳ヨーグルト … 大さじ4
油 … 大さじ3〜4
生姜絞り汁 … 大さじ1
マスタードシード … 大さじ1
塩 … ひとつまみ
ココナッツファイン … 大さじ4

❶ ボウルに豆乳ヨーグルトを入れる。
❷ フライパンに多めの油を入れ、残りの材料すべてを入れて中火で熱す。マスタードシードがパチパチ弾けてきたら、①のボウルに一気に入れ、混ぜ合わせる。
❸ ココナッツファインを炒って香りを出す。②に混ぜる。

e コリアンダーと葉物のサラダ

材料（好みの分量）
コリアンダー … 適量
葉野菜 … 適量
⇒今回はグリーンリーフレタスを使用
基本のビネグレット（P.37参照）… 適量

❶ 好みの葉野菜を手でちぎってから、水にさらす。
❷ 葉がパリッと元気になったら、水気をよく切る。食べる時にビネグレットをかける。

f 麦入りごはん

材料（2人分）
かために炊いた麦ごはん… 1合
フライドオニオン（市販）… 適量

❶ 麦入りのごはんをお皿に盛り、フライドオニオンをかける。
⇒ケララ州のミールスにはケララ米が添えられるが、そのケララ米に近いのが麦ごはん。お好みで、バスマティライスやインディカ米でもOK。

g パパド

材料（人数分）
パパド（市販品）… 人数分

❶ 揚げるか、さっと焼く。

あったら便利な常備品

**ホールウィート
パールクスクス**

ジンダ社。全国のカルディコーヒー
ファームで購入可。

**チポートレイ
ペッパーソース**

TABASCO 社。Amazon など通販で
購入可。

パパド

リジャット社。インド食材店で購入
可。上野大津屋、マヤバザール（目
黒）、アンビカトレーディング（蔵
前）など。通販可。

私のおすすめ調味料

**A　エクストラバージン
オリーブオイル**

ALBERTO 社（イタリア）

B　千鳥酢

村山造酢（京都）

C　美濃有機りんご酢

内堀醸造（岐阜）

D　ベロ海の塩

BELLOT 社（フランス）

チリビーンズの小さなブッダボウル

13

映画『Betty Blue』冒頭で、ジャン＝ユーグ・アングラードが火にかけっぱなしだったチリビーンズを熱々っ！と鍋ごとテーブルに運んで食べるシーン。それが私とチリビーンズの出会いでした。だから、私にとってチリビーンズは、ちょっと乱暴に食べるくらいのイメージなんです。しかしながら、今回は乱暴な食べ方は控え、小さなランチBOXにしてみました。芽キャベツの素揚げやれんこんチップスは、もし油を使うのが面倒だったら、オーブントースターでグリルしても大丈夫です。ビネグレット（P.37 参照）はチリビーンズ以外にさっと回しかける程度がおすすめです。

---

a **チリビーンズ**

材料（作りやすい分量）
玉ねぎ … 1 個
キドニービーンズ … 1 缶
水 … 300cc
トマト缶 … 1 缶
A ┃ チリパウダー … 小さじ 2
　┃ シナモン … 小さじ 1
　┃ コリアンダーパウダー … 小さじ 1
　┃ オレガノ … 少々
　┃ タイム … 少々
　┃ ベイリーフ … 1 枚
塩 … 小さじ 1½
こしょう … 適量
きび糖（またはハチミツ）… 小さじ 1½
オリーブオイル … 適量

❶ 玉ねぎはみじん切りにし、キドニービーンズはザルにあけて汁気を切る。

❷ 鍋にオリーブオイルを入れて中火で熱し、玉ねぎを黄金色になるまでよく炒める。

❸ 水を投入し、続いてキドニービーンズ、トマト缶を入れる。トマトを潰す。

❹ **A** を入れ、焦げないように時々かき混ぜながら、20 分ほど煮込む。

❺ 塩、こしょうで味を調え、きび糖（またはハチミツ）で仕上げる。

c
b　e
a　d
f

b 人参ラペ カルダモン風味

材料（作りやすい分量）
人参 … 1本
オリーブオイル … 大さじ2
酢 … 大さじ2
カルダモン … 4粒

❶ 人参を千切りにし、オリーブオイルと酢で和え、カルダモンを割って加える。

c れんこんチップス

材料（好みの量）
れんこん
揚げ油 … 適量

❶ れんこんを薄くスライスする。
❷ 少量の油で焦げないようにカリッと揚げる。

d 芽キャベツの素揚げ

材料（好みの量）
キャベツ（または、プチヴェール）
揚げ油 … 適量

❶ れんこんチップスを揚げた油で、続いて芽キャベツ（もしくはプチヴェール）を素揚げにする。

e 紫キャベツコールスロー

材料（作りやすい分量）
紫キャベツ … 1/4玉
塩 … 小さじ1
酢 … 大さじ3

❶ 紫キャベツをざくざくとした千切りにし、塩もみする。
❷ しんなりしてきたら水気をよく絞り、お酢を加えて混ぜる。

f 麦入りごはん

材料（2人分）
かために炊いた麦ごはん … 1合
好みのナッツ … 適量
⇒写真はアーモンドを使用

❶ 麦入りのごはんをお皿に盛り、好みのナッツをそえる。

赤いお皿の爽やかなブッダボウル

14

ジャガイモとごぼう、ナッツのソテー

材料（作りやすい分量）
ジャガイモ … 中2個
ごぼう … ½本
オリーブオイル … 適量
好みのナッツ … 適量
⇒今回はかぼちゃの種を使用
マスタードシード … 小さじ⅓
塩 … 小さじ½　　こしょう … たっぷり

❶　ジャガイモは皮を剥き、縦半分にカットしてから5mmにスライス。ごぼうは泥を落とし同じく5mmの斜めスライスにして、それぞれ水にさらしておく。
❷　フライパンにオリーブオイルを熱し、ナッツを炒る。オイルにナッツの香りが移ったら、ナッツは取り出す。
❸　②のフライパンにマスタードシードを入れ、弱火にかける。パチパチ弾けてきたら、水気をよくきった①を入れて混ぜ合わせ、中火にしてソテーする。最後に塩とナッツを投入し、こしょうで味を調える（こしょうは多めの方が美味）。

いちごと赤パプリカのサルサが美味しくて、赤をテーマに考えました。もしトマトライスを夏に作ることがあれば、ぜひフレッシュトマトで作ってみてください（トマトの水分量が多かったら、炊くときの水分量を若干減らしてみてくださいね）。ジャガイモとゴボウとナッツのソテーは、ナッツの香ばしさが大きなポイントになります。慌てず急がず、じっくりとナッツを炒って、香ばしいナッツの香りを油に移しましょう。くるみ、かぼちゃの種、ひまわりの種などがオススメです。また、かぶのトマト煮込みは大根でもおいしく出来ます。

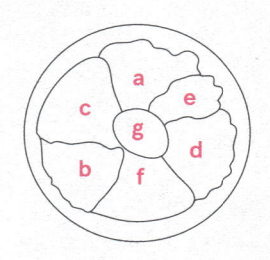

クスクス

材料（作りやすい分量）
全粒粉クスクス … 好みの量
オリーブオイル（香りのよいもの）… 適量

❶　クスクスは箱の表示通りにもどす。オリーブオイルを、加えて和える。

c かぶのトマト煮込み

材料（2人分）
かぶ … 2 個
玉ねぎ（粗みじん切り）… 1/4 個分
オリーブオイル … 適量
A | 赤ワイン … 1/4 カップ
　 | ミニトマト … 6 個（トマト缶でも可）
　 | ベイリーフ … 1 枚
　 | 塩 … 小さじ 1/2

❶ かぶを半分にカットし、7mm くらいの厚さにスライスする。
❷ フライパンにオリーブオイルを熱し、玉ねぎを弱火でソテーし、色づいてきたら、かぶを加えて炒める。
❸ A を加えて、蓋をして弱火でコトコトと煮込む。かぶが柔らかくなったら火を止め、オリーブオイルをさっとまわしかける。

d いちごと赤パプリカのサルサ

材料（作りやすい分量）
いちご … 1/4 パック
赤パプリカ … 1/2 個
レモン汁 … 小さじ 1
チリペッパー … 少々

❶ いちごを洗ってへたを取り、5mm 角ほどにカット。 パプリカは縦半分にカットし、種とワタを取り除き、いちごと同じ大きさにカットする。
❷ ボウルに①を入れてレモンを搾り、チリペッパーを加えて混ぜ合わせる。

e キノコの酸っぱいサラダ

材料（2人分）
3 種類程度のキノコ … 合わせて 300g ほど
⇒今回はしいたけ、マッシュルーム、しめじを使用
オリーブオイル … 適量
塩 … ひとつまみ
ケイパー … 大さじ 1
バルサミコ酢 … 小さじ 2

❶ キノコをほぐしておく。
❷ フライパンにオリーブオイルを熱し、①をしんなりするまでソテーする。
❸ 塩をいれ、ひと混ぜしてケイパーを入れ、仕上げにバルサミコ酢を回しかける。

f トマトライス

材料（2人分）
米 … 2 合
トマトペースト … 大さじ 2
塩 … 小さじ 1
フライドオニオン（市販）… 適量

❶ 白米を研ぎ、水を少し少なめにする（米 2 合に対し 1.8 合分くらいの水）。
❷ トマトペーストと塩を入れてよく混ぜ、通常どおりに炊く。
❸ お皿に盛り、フライドオニオンをかける。

g トッピング

エディブル・フラワー … 適量

ほくほくコロッケの洋食風ブッダボウル

15

タイの中央駅ファランポーンから寝台車に揺られること10時間ほどで、チュンポンという港町に着きます。そこからフェリーで、3時間くらいで到着する小さな島、タオ島に長年通っていました。ある時、私はその島で「みんなが喜ぶ日本の食べ物を作ろう！」と思いつきます。そこで作ったのがコロッケでした。コロッケは島で大人気になり、私がコロッケを作るとなると島中の人たちが集まりました。あるとき私がキャベツをサボったら「コロッケにはキャベツでしょ、ダメじゃないマリコ！」と怒られたのは、笑える思い出です。

a コロッケ

材料（2人分）
ジャガイモ … 1個
玉ねぎ（中）… 1/4個
塩 … ひとつまみ
こしょう … 適量
オリーブオイル … 大さじ 1/2
ひよこ豆粉（なければ小麦粉でもOK）
　… 適量
水 … 適量
パン粉 … 適量
揚げ油 … 適量
片栗粉 … 適量

❶ ジャガイモを皮つきのまま、竹串がスッと通るまで茹でる（もしくは蒸す）。

❷ 火が通ったら皮を剥き、マッシュしておく。

❸ 玉ねぎを黄金色になるまでソテーし、②に加える。

❹ 塩、こしょうで味を調え、オリーブオイルを回しかけてよく混ぜる。

❺ 粗熱がとれるまで冷ましたら、好きな形に整え、片栗粉をまぶしてから、ひよこ豆粉を水で溶いたものにくぐらせ、次にパン粉をまぶす。

❻ 180℃の油でこんがり揚げる。

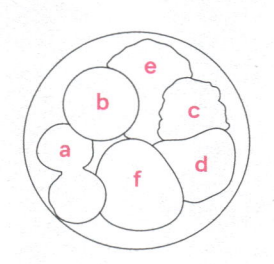

b ミネストローネ

材料（作りやすい分量）
玉ねぎ（中）… ½個
オリーブオイル … 適量
ジャガイモ … 1個
カリフラワー … 大きな房ひとつ
人参 … ⅓本
水 … 300cc
トマト（中）… 2個
ベイリーフ … 1枚
塩 … 小さじ1

❶ 玉ねぎをみじん切りにし、鍋にオリーブオイルを熱し、色付くまで炒める。
❷ ジャガイモ、カリフラワー、人参を1cm角にカットする。
❸ ①の鍋に②を投入し、炒める。
❹ 水300ccとトマト1.5cm角にカットしたものを入れ、ベイリーフも入れてしばらく煮込む。あくが出てきたら取る。
❺ ジャガイモと人参に火が通ったら、仕上げに塩で味を調える。食べるときにオリーブオイルを垂らす。

c 千切りキャベツ

材料（好みの量）
キャベツ … 適量
基本のビネグレット（P.37参照）… 適量

❶ キャベツを好みの細さに千切りにし、しばらく水にさらしてから、よく水を切る。
❷ ビネグレットをまわしかける

d キノコのソテー

材料（2人分）
好みのキノコ … 1パック
⇒今回は舞茸を使用
オリーブオイル … 適量
塩 … 小さじ1

❶ キノコをオリーブオイルで炒める。
❷ 塩で味を調える。

e 葉物とハーブのサラダ

材料（好みの量）
その時に手に入る新鮮な野菜
⇒今回はローメインレタス、トレビス、水菜を使用
… 適量

❶ 好みの葉野菜を手でちぎってから、水にさらす。
❷ 葉がパリッと元気になったら、水気をよく切る。食べる時にビネグレットをかける。

f 麦入りごはん

材料（2人分）
かために炊いた麦ごはん … 1合
ごま … 適量

❶ お皿に麦ごはんを盛り、ごまをかける。

ベジキーマカレーのブッダボウル

大豆ミートを使ったこのベジキーマカレーは、ほんとに美味しいのです！　しかも簡単！　そしてまったく味の想像がつかないと思いますが、いちごのポワレを一緒に食べると口の中にミラクルが広がります。衝撃的な美味しさです。また、ベジキーマカレーは、当然といえば当然ですがチャパティにもよく合います。冬野菜のレモンオイル煮は、残ったオイルをパンで拭って食べることを強くオススメします。本書ではれんこん、カリフラワー、人参、ごぼうで作りましたが、さつまいもやじゃがいもも味が染み込んで美味しいですよ。

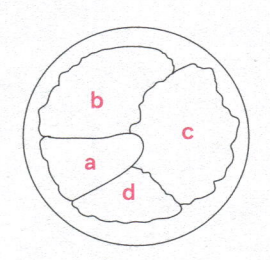

a　冬野菜のレモンオイル煮

材料（作りやすい分量）
好きな冬野菜（葉物でなければ何でも）
　… あわせて 300g くらい
⇒今回は、れんこん、カリフラワー、人参、ごぼう、じゃがいもを使用
にんにく … 2 かけ
鷹の爪 … 2 本
オリーブオイル … 大さじ 3 〜 4
塩 … 小さじ 1½
レモン汁 … 大さじ 2

❶　冬野菜はどれも均一に火が通るように、同じ大きさにカットする。
❷　煮込みに適した鍋に、①と、包丁の背で潰したにんにく、鷹の爪を入れ、オリーブオイルをまわし、塩を振る。
❸　ふたをし、中火から弱火の間くらいの火加減でコトコトと煮込む。焦げ付かないように、ときどき鍋を揺すって上下を返す。およそ 15 分くらいで火が通る（ただし、カットした野菜の形状による）。
❹　竹串で火の通り具合をチェックする。あまり柔らかくなりすぎないのがオススメ。
❺　火を止め、レモンを搾り、鍋を揺すって上下をかえしながら全体にレモンを行き渡らせて出来上がり。残った汁はパンにつけると絶品。

b　ベジキーマカレー

材料（2人分）
玉ねぎ（スライスする）… 中1個
生姜（すりおろす）… 2cm 大
にんにく（すりおろす）… 1かけ
トマト（ザク切り）… 中1個
A｜カルダモン（切り目を入れる）… 3粒
　｜クローブ（丸い部分を取り除く）… 3粒
　｜シナモンスティック … 1cm
　｜ベイリーフ … 1枚
油 … 大さじ1
大豆ミート … 1カップ
B｜ターメリック、カイエンヌペッパー、
　｜コリアンダー … 各小さじ½
豆乳ヨーグルト … 大さじ2
水 … 1カップ
塩 … 小さじ1
グリーンピース … 好みの量
フライドオニオン … 適量
炊いた麦ごはん … 2人分

❶　鍋に油を入れて熱し、**A** を入れて香り
を出す。玉ねぎも入れて、きつね色になる
まで中火で炒める。
❷　にんにく、しょうがを入れ、さらにト
マトも加えて潰しながらよく混ぜ、ペース
ト状になるまでしばらく炒める。
❸　大豆ミートを入れ、**B** を入れながらよ
く混ぜ、豆乳ヨーグルトを加える。
❹　焦がさないようにかき混ぜながら、水
分がなくなるまで強火で炒める。水分がほ
ぼなくなったら、水1カップと塩を加え、
もう一度水分がほとんどなくなるまで中
火で炒める。

❺　麦ごはんを皿によそって、ベジキーマ
カレーをかける。仕上げにグリーンピース
とフライドオニオンを散らす。

c　葉物とハーブのサラダ

材料（好みの量）
その時に手に入る新鮮な野菜 … 適量
⇒今回は、ルッコラ、わさび菜、トレビスを使用
基本のビネグレット（P.37 参照）… 適量

❶　好みの葉野菜をちぎって水にさらす。
葉がパリッと元気になったら、水気をよく
切る。食べる時にビネグレットをかける。

d　いちごのポワレ

材料（作りやすい分量）
いちご … 1パック
オリーブオイル … 大さじ½
ハチミツ … 大さじ½
黒こしょう … 適量
ピスタチオ … 少々

❶　いちごを洗い、へたを取る。小粒であ
ればそのまま、大きければ4等分くらいに
カット。
❷　フライパンにオリーブオイル、タイム、
ハチミツを入れて弱火にかける。淡いキャ
ラメル色になったら、いちごを入れてから
め、2、3分ソテーして出来上がり。タイ
ムを取り除いて、こしょうを挽き、仕上げ
に刻んだピスタチオを散らす。

モロッカン ブッダボウル

17

モロッコは未だ訪れたことのない憧れの地です。今回は自分の思い描くモロッコを再現してみました。アリッサソースはとても辛いですが、熟成するほどに美味しくなります。蒸した野菜や根菜、もちろんお肉、お魚にもよく合います。カリフラワーとポテトのマサラは、モロッコからは外れますが、クミンを多用するモロッコ料理と相性良し！　なので登場です。ビネグレット（P.37 参照）は、クスクスやひよこ豆の煮込みなど、お皿全体にさっと回しかけ、混ぜながらお召し上がりください。

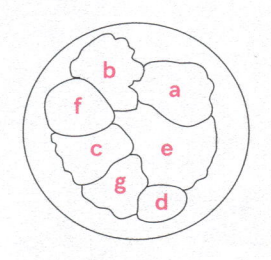

a　カリフラワーとポテトのマサラ

材料（2人分）
ジャガイモ（中）… 1 個
カリフラワー
　… ジャガイモと同じくらいの量
玉ねぎ（小）… ½ 個
油 … 大さじ 2
マスタードシード … 小さじ ¼
ココナッツファイン … 小さじ 1
生姜 … 1 かけ（親指位の大きさ）
グリーンチリ … 1 本
ターメリックパウダー … ひとつまみ
塩 … 小さじ少々 〜 1（好みで調節）
水 … 大さじ 1

❶ ジャガイモを茹でる（もしくは蒸す）。皮を剥いておく。

❷ カリフラワーは小房にわける。玉ねぎはスライスしておく。

❸ フライパンに油とマスタードシードを入れ、弱火にかける。マスタードシードがパチパチ弾けてきたら、ココナッツファインを入れて炒め、次に玉ねぎ、みじん切りにした生姜を入れて炒める。

❹ 玉ねぎが色づいてきたら、ジャガイモ、カリフラワー、グリーンチリ、ターメリック、塩、水を入れて炒める。カリフラワーに火が通れば出来上がり（歯ごたえが残る程度が美味！）。

b かぶのマリネ

材料（2人分）
かぶ … 2個
オリーブオイル … 適量
A｜バルサミコ酢 … 大さじ ⅔
　｜仕上げ用ヴァージンオリーブオイル
　｜　… 少々
こしょう … 好みの量
ディル（飾り用）

❶ かぶを6等分に、くし切りにする。
❷ ①を少なめのオリーブオイルで揚げる。歯ごたえを残したいので、こんがり色付けば大丈夫。
❸ 揚げたてすぐに A をからめ、こしょうを挽く。

c ひよこ豆の煮込み

材料（作りやすい分量）
玉ねぎ … ½個
オリーブオイル … 適量
クミンシード … 小さじ1
A｜ひよこ豆 … 1缶　トマト缶 … 1缶
　｜ベイリーフ … 1枚
　｜水 … ½カップ　塩 … 小さじ ⅔

❶ 玉ねぎを粗みじん切りにする。
❷ 鍋にオリーブオイル、クミンシードを入れ、弱火にかける。
❸ クミンシードがパチパチしてきたら①を入れ、きつね色になるまでソテーする。
❹ A を入れ、20分ほど弱火で煮込む。

d アリッサソース

材料（作りやすい分量）
カイエンヌペッパー … 大さじ6
クミンパウダー … 大さじ1
パプリカパウダー … 大さじ1
コリアンダーパウダー … 小さじ ½
にんにくすりおろし … 大さじ2
生姜汁（またはジンジャーパウダー）
　… 小さじ ⅕
塩・きび糖 … 各小さじ1
オリーブオイル … 大さじ10

❶ 材料すべてをよく混ぜ合わせ、保存瓶に入れる。熟成するほど美味しい。

e ターメリックライス

材料（2人分）
米 … 1合
ターメリックパウダー … 小さじ¼
塩 … 小さじ½

❶ トマトライス（P.93）を参照し、トマトペーストのかわりにターメリックパウダーを入れ、同じように炊く。

f 人参ラペ カルダモン風味

P.85 参照

g クスクス

P.89 参照

れんこんを美味しく食べる ブッダボウル

18

れんこんと言えば「和」のイメージが強いと思いますが、実はオリーブオイルとの相性が抜群なんです。さらにドライトマトをプラスすると完全に「洋」の味になります。本書では使用していませんが、お好きな方はニンニクを入れても◎　白菜のオーブン焼きはトースターでも簡単に作れます。小松菜など他の葉物でも、焼けば驚きの美味しさです。かぼちゃのマリネは昔から作り続けている定番料理。かぼちゃの甘みとバルサミコ酢の酸味が相性抜群。冷蔵庫で3日ほどは保ちますので、常備菜のひとつに加えてみてくださいね。

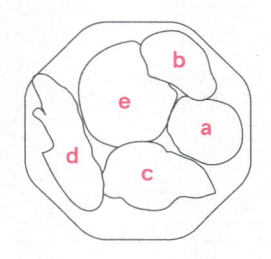

a れんこんとドライトマトのソテー

材料（2人分）
ドライトマト … 6、7枚
れんこん（太いもの）… 5cm幅分
オリーブオイル … 適量
塩 … 小さじ⅓
こしょう … たっぷり

❶ ドライトマトを、お湯で柔らかくなるまで戻し、細かく刻む。
❷ れんこんをよく洗い、皮のまま縦半分にカットし、のし棒などで叩く。叩いたものを一口大にカットする。
❸ フライパンにオリーブオイルを入れて中火で熱し、①と②を入れてソテーする。れんこんに火が通ったら、塩、こしょうで味を調える。

b ブンタンと黄パプリカのサルサ

材料（作りやすい分量）
ブンタン（他の柑橘でもOK）… 1個
黄パプリカ … 1個
チリペッパーパウダー … 小さじ1
レモン … 小さじ1
⇒酸味の強い柑橘の場合は、レモンは入れない

❶ ブンタンの皮を剥き、実を取り出す。
❷ 黄パプリカの種とわたを取り、5mm角くらいにカットする。
❸ ボウルに①、②、チリペッパーパウダー、レモンを入れて混ぜ合わせる。

c かぼちゃのマリネ

材料（2人分）
かぼちゃ（7mm 幅にスライスしたもの）
　… 4 枚
揚げ油（オリーブオイル）… 適量
酢 … 大さじ 3
バルサミコ酢 … 大さじ 1
好みのナッツ … 適量
⇒今回はひまわりの種を使用

❶ かぼちゃの種とわたをスプーンできれいにこそげ取る。7mm くらいの三日月型にスライスする。
❷ フライパンに少量のオリーブオイルを入れ、中火にかける。①のかぼちゃを入れ、揚げ色がつくまで揚げる（薄いのですぐに火は通る）。
❸ バットに酢とバルサミコ酢を入れて混ぜ、②のかぼちゃを浸す。

d 白菜のオーブン焼き

材料（2人分）
白菜 … 2 枚ぐらい
粒マスタード … 適量

❶ 白菜を縦 2cm 幅くらいにカットする。
❷ オーブンまたはトースターで、葉の部分がパリパリするまで焼く。
❸ 粒マスタードを添える。

e 玄米ごはん

材料（2人分）
炊いた玄米ごはん … 1 合
フライドオニオン … 適量

❶ お皿に玄米ごはんを盛り、フライドオニオンをかける。

お豆腐ハンバーグの ブッダボウル

19

| a | お豆腐ハンバーグ |

材料（作りやすい分量）
豆腐（木綿または島豆腐）… 1丁
玉ねぎ …½個
茹でたキヌア（P.85 参照）… 大さじ3
豆乳ヨーグルト … 大さじ1
小麦粉 … 大さじ2
みそ … 小さじ2
塩 … 小さじ½
こしょう … たっぷり
カレーパウダー … 小さじ2
オリーブオイル … 適量

❶ お豆腐に重石をするなどし、よく水気を切る。
❷ 玉ねぎをみじん切りにし、きつね色になるまでソテーする。
❸ ボウルに①、②、キヌア、豆乳ヨーグルト、小麦粉、みそ、調味料すべてを入れ、よく捏ねる。俵型に整える。
❹ フライパンにオリーブオイルを熱し、中火からやや強火でまず両面に焼き色をつけてから、弱火にして焼く。

お豆腐ハンバーグは、キヌアやお味噌を入れることで味に深みが出ます。島豆腐が手に入れば、水切りする手間が省けて、より簡単に作ることができます。りんごとポテトのソテーは、りんごの歯応えを残すことがポイントです。もしお肉を召し上がるようでしたら、このりんごとポテトのソテーは、ポークソテーなどお肉料理の付け合わせに最適です。春菊のサラダは黒パンでサンドウィッチにしても！　ビーツと生姜のサルサは、お好みで生姜の割合を増やしてもまた美味です。

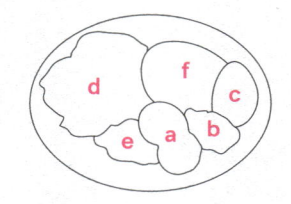

b ビーツと生姜のサルサ

材料（作りやすい分量）
ビーツ … 1 個
生姜 … 大さじ 1
チリペッパー … 小さじ 1
レモン … 小さじ 2

❶ ビーツと生姜はそれぞれ皮を剥き、3mm 角くらいの大きさにカットする。
❷ ①にチリペッパーとレモンを入れ、混ぜ合わせる。

c りんごとポテトのソテー

材料（2 人分）
ジャガイモ（メイクイーン）… 1 個
オリーブオイル … 適量
りんご … 1 個
塩 … 小さじ 1
こしょう … たっぷり
ミント … 好みの量

❶ ジャガイモとりんごを 1cm 角にカットする。
❷ フライパンに油を熱し、ジャガイモをこんがり色づくまでソテーする。いったんお皿などに取り出す。
❸ 同じフライパンに少しオリーブオイルを足し、りんごをソテーする。このとき、歯ごたえは残す（味見しながら！）。
❹ ②のジャガイモをフライパンに戻して、塩、こしょうで味を調える。お皿に盛り付けたときにミントを散らす。

d 春菊のサラダ

材料（2 人分）
春菊 … 1/2 把　　エンダイブ … 1 枚
トレビス … 1 枚
スライスアーモンド … 適量
基本のビネグレット（P.37 参照）… 適量

❶ 春菊とエンダイブ、トレビスは食べやすい大きさに手でちぎる。
❷ スライスアーモンドを、フライパンでこんがりとローストする。
❸ ①をふわっと混ぜ合わせ、スライスアーモンドを散らし、食べる時にビネグレットをかける。

e カリフラワーとオリーブのサラダ

材料（2 人分）
カリフラワー … 1/4 個　　オリーブ … 4 個
オリーブオイル … 大さじ 1　塩 … ひとつまみ
タラゴン（あれば）… 少々

❶ カリフラワーを小さな房に分け、歯ごたえが残るようにさっと湯通しする。オリーブはザクザクと刻む。
❷ ボウルに①、オリーブオイル、塩、タラゴンを入れて和える。

f 麦入りごはん

材料（2 人分）
かために炊いた麦ごはん … 1 合

北欧 ブッダボウル

20

スウェーデンと言えば、のミートボール＆リンゴンベリーソースを、お豆を使って作ってみました。リンゴンベリーソースの甘みを抑え、酸味を強くしたい場合は、レモン汁を増やしてください。ハッセルバックポテトに挟むハーブは、ローズマリーも合います。ピッティパンナは本来、ウインナーやベーコンも入れてソテーし、仕上げに目玉焼きを乗せて食べるスウェーデンの家庭料理です。材料に書いてあるもの以外でも、どんなお好みの野菜でも応用できますし、とても簡単なので、ぜひ作ってみてください。

a ベジミートボール＆リンゴンベリーソース

材料（作りやすい分量）
キドニービーンズ … 1缶
玉ねぎ（みじん切り）… 1/2個
乾燥大豆ミート … 1/2カップ
小麦粉 … 70g
★スパイス … 各少々
　ナツメグパウダー
　パプリカパウダー
　オレガノ
　シナモン
塩 … 小さじ1〜2
こしょう … たっぷり
リンゴンベリージャム（市販）… 大さじ1
レモン汁 … 少々

❶ キドニービーンズを、フードプロセッサーなどでペースト状にする。
❷ 玉ねぎを、飴色になるまで炒める。
❸ 乾燥大豆ミートは、ぬるま湯で戻してから、よく水気を絞る。
❹ ボウルに①、②、③、小麦粉、スパイス、塩、こしょうを入れてよく捏ねる。
❺ ミートボールくらいの大きさに丸め、180℃のオリーブオイルで揚げる。
❻ リンゴンベリージャムにレモン汁を絞り、よく混ぜ、ベジミートボールに添える。

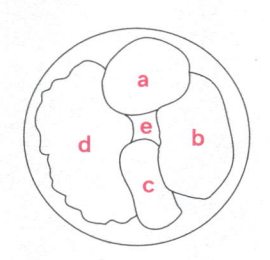

b ハッセルバックポテト

材料（2人分）
新ジャガ … 2個
塩・こしょう … 各適量
オリーブオイル … 適量
タイム（枝ごと）… 適量
にんにく … 1かけ

❶ 新ジャガを皮ごとよく洗い、2mm 間隔で切り目を入れる（完全には切らない）。
❷ 切り目を下に、10 分以上水に浸す。水からあげたところで、キッチンペーパーで水気をよく拭きとる。
❸ 天板にジャガイモを並べ、すきまに塩、こしょうをし、オリーブオイルをまわしかけ、220℃のオーブンで 20 分ほど焼きあげる。焼きあがる直前にタイムとにんにくを入れて香りをつける。

c きゅうりとディルのピクルス

材料（作りやすい分量）
きゅうり … 3本
ディル … 1本
レモンの皮 … 適量
マスタードシード … 小さじ 2/3
黒こしょう（粒）、コリアンダーシード
　… 各 10 粒程度
酢 … 100cc
ハチミツ … 小さじ 2
水 … 180cc
塩 … 小さじ 1/2

❶ きゅうりとディルを、煮沸消毒した保存瓶に入れる。
⇒きゅうりは使用する保存瓶の高さに合わせてカットして漬け込みます。
食べるときに一口大にカット。
❷ 鍋に残りの材料をすべて入れ、中火にかけたまま 10 分ほど混ぜ続ける。ハチミツが溶けたら火を止めて、少し冷まし、①の保存瓶に注ぐ。
❸ 完全に冷めてから、蓋をする。翌日から食べられる。

まほうのごぼうだらい

d ピッティパンナ

材料 (2人分)

ジャガイモ…中2個

人参…1本

ビーツ…¼個

オリーブオイル…適量

塩・黒こしょう…各適量

玉ねぎ (みじん切り)…¼個

好みのキノコ…ひとつかみ

くるみ…¼カップ

→軽くローストしてざくざく刻んでおく

パセリ・ケイパー…各適量

① ジャガイモの皮を剥き1cm角に刻む。人参、ビーツもそれぞれ1cm角に刻む。

② フライパンにオリーブオイルを熱し、ジャガイモと人参を炒め、塩、こしょうで味を調え、取り出す。

③ 同じフライパンにオリーブオイルを熱し、玉ねぎを炒め、ビーツ、キノコ、くるみを入れて炒める。

④ フライパンに②をあわせ、さらに炒める。塩、こしょうで味を調える。

⑤ パセリを刻んでちらす。ケイパーを添える。

e タイ米

材料 (2人分)

炊いたタイ米のごはん…1合

本書の「材料」にある調味料の分量は、目安です。
料理は、自分の感覚で楽しみながら、
自分の味を見つけ出す、遊び。

本書レシピに登場したサルサ

サルサとは、メキシコでは一般的にソースのこと。私がブッダボウル
を作り始めた頃、「新鮮なパイナップルを合わせてみよう！」と思い
付きました。次に全体的なバランスを想像し、「少し辛くしてみよう
かな」と思い、そこからオリジナルのサルサがたくさん生まれました。
ポイントは、季節の野菜やフルーツを使うことと、色を合わせること、
そして辛味＆酸味です。
上段左から、パイナップルと黄パプリカのサルサ（P.44）、フレッシュ
トマトのサルサ（P.47）、ブンタンと黄パプリカのサルサ（P.100）
下段左から、いちごと赤パプリカのサルサ（P.93）、ビーツと生姜の
サルサ（P.103）、キウイとミント、グリーンパプリカのサルサ（P.43）

本書で使っているスパイス

マスタードシード
南インド料理によく使われるスパイス。
イエローとブラウンがあるが、本書ではブラウンを使用

クミンシード
インド、メキシコ、東南アジア、アフリカなどの
エスニック料理に欠かせないスパイス

オレガノ
ミントのような香りがあり、乾燥させてからのほうが
良い香りがする。トマト料理との相性が◎

フェネグリーク
インド料理には欠かせないスパイス。
15もの効能を持つ万能薬とも言われている

カレーパウダー
メーカーにより内容が異なるが、ターメリック、
コリアンダー、クミン、フェンネル、シナモン、クローブ、
ナツメッグなどがミックスされている

黒胡椒
挽いた状態の市販品と、
挽きたての黒胡椒（ホール）では香りと味わいが断然違う。
本書ではその都度挽くことを推奨

オールスパイス

シナモン、クローブ、ナツメグの3種類の香辛料が
混ざり合ったような香りがすることから、そう呼ばれる。
ジャマイカ料理にはマスト

パプリカパウダー

見た目は真っ赤だが辛味成分はなく、
彩りを添えるほかに、ビタミン類も豊富

カルダモン

インド料理以外にも、野菜料理の香りづけやチャイ、
パン、ケーキ作りにおすすめ

チリペッパー

唐辛子のみを乾燥させたパウダー。
辛味が強いので加減が必要

シナモンパウダー

カシア、セイロンの2種類があり、
産地によって香りがまったく異なる。
本書のおすすめ産地は、スリランカ、ベトナムなど

チリパウダー

唐辛子をベースに、ガーリック、クミン、オレガノ、
パプリカなどをミックスしたもの。
メキシコ料理には欠かせない

前田まり子

フード・アーティスト。イタリア、タイ、インド、カフェ、BAR
など様々な飲食店で料理の腕を磨く。のち自然食品店
で働きながらお菓子の卸し、CLUBイベント出店などを開
始。西麻布イエローのオープンから World connection
でのお菓子販売。初期 maniac love にお菓子納品。土
曜日のアフターにはサンドイッチを納品など、早い時期
から CLUB ケータリングを行った。2000 年夏、葉山に
実店舗カノムパンをオープン、パン製造販売／料理の提
供／料理教室主催／ラジオ・TV 出演など。Vegan food
を得意とする。エリカ・バドゥ来日の際にはケータリン
グ担当。現在は Marideli helps u lose ur mind 名義で
ランチ、ケータリング、ヴィーガンベイキング、メニュー
開発など、Natural& healthy をテーマに活動中。

ブッダボウルの本

2018 年　7 月 17 日第 1 刷発行
2023 年　10 月 27 日第 4 刷発行

著　　　者　前田まり子
写　　　真　鈴木　心
スタイリング　前田まり子
装　　　丁　福間優子
発　行　者　北尾修一
発　行　所　株式会社百万年書房
　　　　　　〒 150-0002　東京都渋谷区渋谷 3-26-17-301
　　　　　　E-MAIL : info@millionyearsbookstore.com
　　　　　　web ページ　http://millionyearsbookstore.com/
印 刷・製 本　株式会社シナノ

撮 影 協 力　UTUWA、エンジョイハウス

ISBN978-4-9910221-1-1 C0077